La VIE de ROBERT BURNS

JAMES VEITCH

Illustrations de John Mackay
Traduit de l'Anglais par Sylvie Henocque

Tous droits de reproduction réservés par tous pays signataires de la Convention de Berne.

Edition originale publiée en Anglais en 1984 par The Ayrshire Association of Burns Clubs pour le compte de The Burns Federation

by Alloway Publishing 1985 en conjonction avec The Burns Federation et illustrations de John Mackay

Imprimé par Walker & Connell Ltd., Hastings Square, Darvel, Ayrshire.

ISBN 0-907526-26-8

2006

Toute représentation ou reproduction partielle ou intégrale sans le consentement de l'éditeur par quelque procédé et sous quelque forme que ce soient est illicite.

Ce petit livre sur la vie de Robert Burns est conçu pour les jeunes.

Il est reproduit à partir d'une série d'articles qui parurent pour la première fois dans les Chroniques de Burns. Le texte est du défunt James Veitch et les illustrations sont de John Mackay avec sa permission.

Nous espèrons que ce livre servira d'introduction au riche héritage de chansons et poèmes qui nous ont été légués par le barde national de l'Ecosse: Robert Burns.

DARVEL AYRSHIRE

LA VIE DE ROBERT BURNS

Robert Burns est né le 25 janvier 1759 près de Ayr à Alloway, dans le cottage d'argile et de pierre bâti par son père. C'était au moment d'orages violents et quelques jours après la naissance de Robert le pignon du cottage s'écroula. La famille dut aller chercher refuge chez les voisins les plus proches. Alors qu'il réparait les dégats le lendemain, le père de Robert était loin de penser que deux cent ans plus tard des milliers de personnes du monde entier viendraient visiter la maison natale de son fils.

Robert entra à l'école de la localité à Alloway Mill avant l'âge de six ans. Son père n'en étant pas satisfait, il engagea un instituteur privé de 18 ans du nom de John Murdoch avec le concours d'autres parents. Robert et son frère Gilbert apprirent beaucoup durant les deux années ou ils furent instruit par Murdoch. Mais Murdoch ne réussit jamais à enseigner le chant à Robert. Il n'avait, disait-il, remarquablement pas d'oreille et une voix indomptable. Cependant, un jour Burns allait écrire un grand nombre des plus belles chansons qui soient au monde.

La famille alla s'installer à Mount Oliphant, situé entre Ayr et Maybole, quand Robert avait sept ans. La vieille Betty Davidson qui était une parente de la mère de Robert venait de temps en temps passer quelques jours chez eux. A son rouet elle racontait de passionantes histoires de fantômes, farfadets, sorcières, lutins et esprits des eaux à Robert et Gilbert. Comme ces histoires enflammaient l'imagination de Robert!

L'éducation primaire de Robert touchait à sa fin. A neuf ans il commenca à travailler à la ferme et il serait bientôt assez grand pour aider à la charrue. Malgré cela il y avait peu à manger et il ne recevait pas assez pour bien vite devenir grand et fort.

   Dans les années qui suivirent, Robert lu énormément et essaya d'apprendre à fond le Latin et le Français malgré toutes les difficultés matérielles. Plus tard, à l'âge de quinze ans, il rencontra Nelly Kilpatrick, la fille d'un forgeron, pendant la moisson. De temps à autre il enlevait des échardes de ses mains. Elle avait une voix douce et il aimait l'entendre chanter. Elle fredonnait un air sur lequel il n'éxistait pas de paroles. Le rythme en tête il composa alors des paroles. Ces vers sont ceux que Nelly préférait.

>   She dresses ay sae clean and neat,
>   Both decent and genteel,
>   And then there's something in her gait
>   Gars ony dress look weel.

　　Robert s'incrit à un cours de danse à Dalrymple après son seixième anniversaire. Le cours se déroulait dans une grange et bien qu'il fut maladroit et vouté, il apprit à bien danser. Il y passa de bien heureux moments à coté de la vie triste et dure qu'il avait à Mount Oliphant.

Deux ans plus tard la famille s'installa dans une autre ferme du nom de Lochlie et située entre les vallées de Ayr et Irvine. Tarbolton n'était pas loin et Robert créa un groupe de discussion: The Tarbolton Bachelors. Cependant, son père cultivait le lin et Robert fut envoyé à Irvine pour apprendre le métier du lin. Sous alimenté et souffrant de rhumatismes il fut très malade pendant un certain temps. Quant il alla mieux il se fit des amis et s'amusa beaucoup. Plus important, il trouva une librairie. Dans cette librairie il trouva un jour de vieux magazines dans lesquels se trouvaient des poèmes d'un poète Ecossais qui s'appelait Robert Ferguson. Ces poèmes lui ouvrirent les yeux quant à la manière dont la langue Ecossaise pourrait être utilisée en poésie.

Robert fut rappelé à Lochlie au bout de sept mois. La ferme ne marchait pas bien et son père était inquiet et déçu. Malgré ces problèmes Robert écrit de nombreux poèmes. L'un de ses meilleurs à cette époque est "The Death and Dying Words of Poor Maillie". Mailie était un mouton en réalité bien vivant et en parfaite santé. Pendant ce temps, le père de Burns languissait et il mourut en février 1784. Il souhaitait être enterré au cimetière de Alloway et son cercueil y fut transporté entre deux poneys. Robert menait le poney de tête lui-même, Gilbert suivant à coté du second. Robert devait refléchir. En tant que fils ainé il était devenu chef de famille. Bientôt ils allaient partir pour la ferme de Mossgiel près de Mauchline. Qu'allait-il arriver par la suite?

En mars 1784 les Burns s'installèrent à Mossgiel, une ferme sur la route qui relie Tarbolton à Mauchline. Maintenant que son père était mort, Robert en tant que fils ainé le remplacait. Il était plein de bonnes intentions mais une mauvaise semence suivie d'une moisson tardive provoquèrent la perte de la moitié de ses récoltes. Après ces évenements il eut tendance à laisser ces problèmes à son frère Gilbert. Mauchline n'était qu'à une distance d'à peu près un mile et exercait sur lui une formidable attirance. A Mauchline habitait une variété de bons et mauvais personnages très vivants qui enflammaient son imagination. Tout ceci il transcrit en poesie. Dans sa chambre mansardée il écrivait jusque tard dans la nuit. Dans son Premier Epitre à John Lapraik il exprima le souhait suivant:

Burns avait déjà rencontrè plusieurs jeunes filles mais c'est à Tarbolton qu'il fit la connaissance de celle qui allait le plus compter pour lui, Jeanne Armour. C'était la fille de James Armour, un maçon austère et très collet monté. Que Jeanne connaisse un bon à rien comme Robert Burns offensait sons sens de la respectabilité. Quoiqu'il en soit et bien qu'il sache que le son de son nom remplisse James Armour de colère, Burns tomba amoureux de Jeanne. Il n'avait pas beaucoup d'argent et ainsi décida de quitter l'Ecosse pour tenter sa chance à la Jamaïque. Quand il le pourrait, il y ferait venir Jeanne. En attendant, il lui donna une lettre officieuse de promesse reconnaissant qu'il s'engageait à l'épouser. Selon la loi Ecossaise de l'époque, il avait ainsi contracté un mariage irrégulier mais légalement valide.

Il n'était pas recommandé de contrarier un homme comme James Armour. Quand il découvrit la lettre de promesse il refusa de la rendre à Jeanne qui fut expediée chez un oncle à Paisley. Quand Burns eut vent de tout cela il alla confronter les Armours chez eux. Il proposa d'abandonner son projet d'émmigrer et de fonder un foyer pour Jeanne. Mais James Armour et sa femme ne voulurent rien entendre. Ils ne se gênerent pas pour lui dire qu'ils ne voulaient pas d'un garçon comme lui pour beau-fils et qu'ils ne laisseraient jamais Jeanne devenir sa femme. Burns choqué par la haine qu'ils montraient envers lui, fut obligé de partir vaincu et envahi par la peine, la colère et la honte.

Les Armours étaient bien loin de réaliser quelle était la réelle valeur de l'homme qu'ils rejetaient. Son hôte et ami Gavin Hamilton lui donna l'idée de lancer des abonnements, qui financeraient la publication d'un volume de ses poèmes. Burns s'attela à cette tache. C'est aussi à peu près à cette époque-là, que Burns tomba passionément amoureux d'une gouvernante au service de Gavin Hamilton, Mary Campbell. Etant donné que Burns souhaitait toujours aller à la Jamaique, elle décida de quitter son emploi pour aller à Dunoon. Ils se rencontrèrent pour la dernière fois le deuxième dimanche de mai 1786. On dit que face à face, chacun sur une berge opposée de la rivière Faile qui est un afluent de la rivière Ayr, ils échangèrent des bibles en tant que gages d'amour éternel. Mary mourut peu de temps après ne se doutant pas qu'à travers Burns, elle continuerait à vivre dans son poème "Highland Mary".

Burns réunit environ 350 abonnements et traita avec John Wilson de Kilmarnock, pour faire imprimer son livre de poèmes. Il sortit vers la fin de juillet 1786 sous le titre: 'Poems chiefly in the Scottish Dialect' de Robert Burns. Quelques 612 exemplaires furent imprimés, et le tirage entier de cette édition maintenant célèbre fut vendu en un mois. En faisaient partie des poèmes tels que "The Twa Dugs", "Hallowe'en", "The Cotter's Saturday Night", et "To a Mouse". Il n'est pas surprenant que tout le monde parlait de Burns. Mais il est étonnant de penser qu'il gagna à peine £20 avec l'édition de Kilmarnock. Elle fut vendue à trois Shillings l'exemplaire. Aujourd'hui un exemplaire de cette édition se vendrait pour des milliers de Livres.

Jeanne était maintenant de retour à Mauchline chez ses parents et, bien qu'il lui soit toujours interdit d'avoir aucun contact avec Burns, elle se débrouillait pour le voir en secret de temps en temps. Il avait fait ses adieux à de nombreux amis mais continuait à repousser son départ pour la Jamaique. Le destin et la bonne fortune avaient en effet d'autres desseins pour lui.

Le pasteur de Loudoun avait envoyé un exemplaire de l'édition de Kilmarnock au Docteur Blacklock, un poète aveugle, à Edimbourg. Très impressioné, Docteur Blacklock conseilla à Burns de se rendre à la capitale, pour organiser un deuxième tirage de ses poèmes. Burns n'avait pas besoin qu'on le lui dise deux fois. Ainsi quand il quitta Mossgiel, c'est vers Edimbourg qu'il partit à cheval et non pas vers un port pour la Jamaique.

A Edimbourg le soir du 28 novembre 1886, Burns retrouva son ami du Ayrshire John Richmond qui avait une chambre passage Baxter dans le quartier du Lawnmarket. La société d'Edimbourg, parmi laquelle des hommes d'un rang tel que le Comte de Glencairn, allait bientôt faire de Burns une célébrité. Pourtant, malgré cet événement, Burns ne perdait ni la tête ni sa dignité. Il était venu dans un but bien déterminé et il ne s'écoula guère de temps avant qu'il n'écrivit à John Ballantyne, le banquier de Ayr: "J'ai presque terminé de négocier l'édition de mon livre avec Creech.

Après avoir voyagé à travers la région des Borders, les Highlands et le Stirlingshire, il passa un petit moment à Mauchline et revint ensuite à Edimbourg. Au cours de ce second séjour il rencontra Mrs Agnes McLehose, sa "Clarinda", mais plus important il rencontra James Johnson du Musée Musical Ecossais auquel il allait plus tard apporter sa contribution avec de nombreuses chansons. Réglant enfin ses affaires avec l'éditeur Creech, il rentra chez lui. Le 5 août 1888 son mariage irrégulier avec Jeanne Armour fut finalement scellé par le Chapitre de l'église de Mauchline.

Burns avait déjà loué une autre ferme à bail près de Dumfries du nom de Ellisland. De plus, à la suite d'un stage de six semaines avec le collecteur de la Régie des Impôts à Tarbolton, il avait reçu son diplôme de collecteur. En juin 1788 Burns partit s'installer à Ellisland. Des £450 perçues de Creech pour l'édition d'Edimbourg, il avait donné £200 à son frère Gilbert. Quand la ferme fut prête, Jeanne l'y rejoignit en décembre de cette même année. Ses premières récoltes ne réussirent pas. Jeanne donna naissance à un petit garçon. Au mois d'août suivant Burns fut obligé de chercher un emploi avec la Régie des Impôts. Il fut nommé collecteur dans une circonscription comprenant dix paroisses dans les environs d'Ellisland. Cela voulait dire qu'il était exposé à toutes les intempéries et à beaucoup de fatigue, ce qui ne lui valut rien.

Burns continuait malgré tout à composer poésie et chansons à flots. Tam O' Shanter parut pour la première fois en mars 1791 dans le 'Edinburgh Magazine'. Il avait déjà écrit "Of a' the Airts the Wind can Blaw" pour Jeanne et avait donné à son amie Mrs Dunlop des copies de "Auld Lang Syne" et de "Go Fetch to me a Pint o' Wine". Il avait également commencé à écrire sa formidable collection de chansons pour le Musée Musical Ecossais de Johnson. Les vannes de son intellect et de son inspiration étaient grandes ouvertes. Le long de la rivière Nith il marchait seul avec son immortalité.

Au bout de trois ans et demi, Burns fut muté à Dumfries. Il abandonna son bail à Ellisland et partit s'installer avec sa femme et son fils dans une petite maison du Wee Vennel, aujourd'hui connu sous le nom de Bank Street. Ils allaient cependant bientôt s'installer dans une maison plus grande et plus confortable, celle qui est aujourd'hui célèbre en tant que maison de Burns dans Burns Street. Du temps de Burns cette rue s'appelait Mid Street. Burns se tournait de plus en plus vers des poèmes politiques, le plus connu étant intitulé "Is there for honest Poverty...". Il offusqua également la petite noblesse avec son enthousiasme marqué pour la Révolution Française, dont il ne se cachait pas. Cependant, beaucoup parmi ceux qui se retournaient sur son passage quand il rentrait chez lui, allaient un jour se souvenir avec fierté qu'ils avaient véritablement vu Burns.

Au début de 1796 la santé de Burns commenca à décliner. Il n'avait jamais été robuste et finit par s'alliter. Jeanne attendait à nouveau un enfant. Jessie Lewars, la soeur d'un de ses collègues de travail, vint aider la famille pour soigner Burns. C'est à Jessie qu'il dédia sa dernière et des plus tendres chansons d'amour.

>Oh wert thou in the cauld blast
>   On yonder lea, on yonder lea,
>My plaidie to the angry airt,
>   I'd shelter thee, I'd shelter thee.

Même à ce moment là, la flamme de sa poésie brulait toujours ardemment.

Sur le conseil de son médecin, Burns passa plusieurs semaines à Brow Well sur la côte du Solway. Les bains de mer pour un homme dans son état étaient draconiens. Moralement il était maintenant tourmenté par l'inquiétude. Il pensait sans cesse aux dettes qu'il avait et ne voyait aucune lueur d'espoir. Il écrivit à George Thomson: "Après toute ma glorieuse indépendance, la maudite nécessité me force à vous implorer de me prêter cinq Livres. Un cruel scélérat de mercier à qui je dois de l'argent, et qui s'est mis en tête que ma mort est imminente, m'intente un procès et me fera certainement jeter en prison. Pardonnez moi cette impétuosité mais l'horreur de la prison me rend à moitié fou.

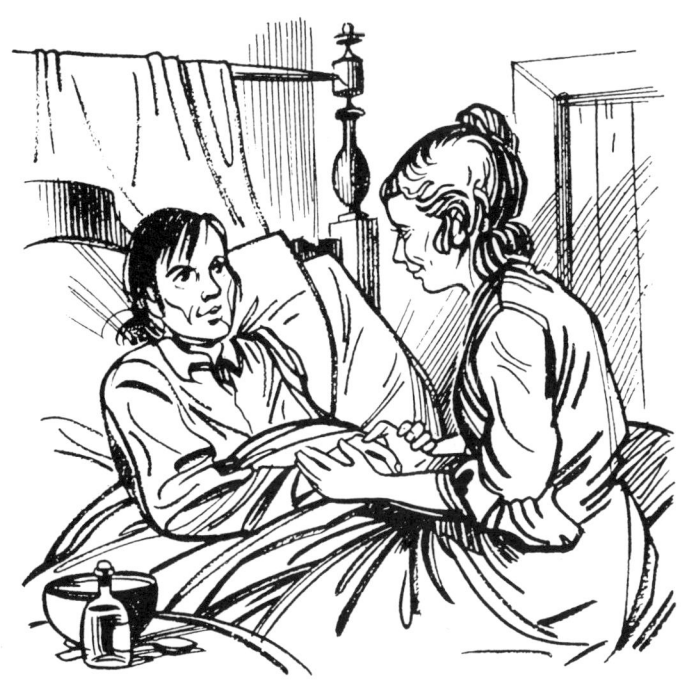

Burns rentra chez lui ou il allait bientôt mourir. Il était inquiet pour Jeanne et ses enfants. Que deviendraient-ils? Jessie Lewars était là pour les aider. Avec amour et courage, Jeanne qui voyait la mort sur le visage de Burns fit tout ce qu'elle pu pour adoucir ses derniers jours. C'est ainsi que Burns s'éteint le 21 juillet 1796 entouré de Jeanne et ses enfants. La ville de Dumfries organisa un enterrement en grande pompe et il fut inhumé au cimetière St Michael. Jeanne donna naissance à un petit garçon à la même époque. Quel dommage que Burns n'eut pas la consolation de savoir que George Thomson (et d'autres) avait répondu à son appel au secours désespéré pour payer ses dettes.

En 1815 son corps fut exhumé de son humble tombe pour être placé dans le mausolé où des milliers de visiteurs du monde entier viennent lui rendre hommage chaque année. C'est là que nous sommes rappelées les paroles de Professeur Hans Hecht qui est l'un de ses meilleurs biographes. "Il a reçu le plus heureux tribut que l'on puisse accorder à un poète. Il est enraciné pour toujours dans le coeur de ses compatriotes et tient un rôle tellement essentiel dans leur patrimoine spirituel qu'il est impossible d'imaginer l'Ecosse sans Robert Burns. Il demeure une force vivante au sein de la nation. Le soleil qui s'est levé sur la tombe près du mur du cimetière de Dumfries est le soleil de l'immortalite".